L40
b
379

Lb 40 3/9

DISTRICT DE S. VICTOR.

Extrait du regiſtre des Délibérations du Diſtrict S. Victor.

Le vingt-huit Novembre mil sept cent quatre-vingt-neuf, onze heures du matin, les Préſident, Commiſſaires & Notables-Adjoints du Diſtrict S. Victor, convoqués & aſſemblés en Comité.

M. le Préſident a dit qu'il a été prié de convoquer la préſente aſſemblée à ce jour, lieu & heure, à l'effet de délibérer ſur la police attribuée aux Comités de chaque Diſtrict.

Un des Membres de ladite Aſſemblée a repréſenté qu'une des parties eſſentielles de ladite police, eſt celle du Marché aux Chevaux, dont la ſurveillance avoit été attribuée au ſieur Guillotte, Inſpecteur pour l'ancienne Police; mais que cette ancienne Police n'exiſtant plus, ce Prépoſé n'a plus de pouvoir, & s'en trouve deſtitué de droit.

A

A quoi M. le Président à repliqué qu'il étoit nécessaire de consulter les actes qui attribuent la police aux Comités des Districts; examen fait du plan de Municipalité, & des articles ci-après.

Art. III & VII du titre premier de ce Plan, sont conçus en ces termes.

« La Municipalité embrassera dans Paris
» toutes les parties de la police.
» La ville & les fauxbourgs de Paris seront
» divisés en soixante Districts, art. 3, du
» titre 8 des Départemens.
» L'inspection & la police des Spectacles,
» Wauxhalls, Foires, *Marchés*, & générale-
» ment l'inspection, de tout ce qui concerne
» la Police, & qui étoit ci-devant attribués,
foit à des Magistrats, foit à des Commis-
» faires du Roi, Art. XIV, du titre 16 des
» Assemblées des Districts & Comités.
» Les Membres de chaque Comité seront
» chargés de la police de leur Quartier. »

Examen pareillement fait du Décret de l'Assemblée Nationale, du cinq Novembre, revêtu de Lettres-Patentes du six.

L'Art. II porte que,

« Les Comités des Diſtricts veilleront, cha-
» cun dans ſon arrondiſſement, aux objets de
» police journaliere, conformément aux ordres
» & inſtructions qui ſeront donnés par la
» Municipalité ».

Suivant les inſtructions ſommaires,

« Les Comités des Diſtricts ſont chargés,
» par l'Art. II du Réglement proviſoire, de
» veiller chacun dans ſon arrondiſſement, aux
» objets de police journaliere.

» La police journaliere comprend tous les
» détails qui appartiennent à la police géné-
» rale; & ces détails embraſſent tout ce qui
» intéreſſe le bon ordre, les mœurs publiques,
» la tranquillité des Citoyens, leur commo-
» dité, & la ſûreté de leurs perſonnes & de
» leurs biens.

» Il eſt une infinité d'autres cas dont l'énu-
» mération ſeroit immenſe, & qui ſont ſoumis
» à la vigilance des Comités des Diſtricts;
» mais il n'en eſt aucun qui n'appartienne
» à une des trois claſſes que diſtingue le Ré-
» glement. La ſageſſe & la pénétration des
» Comités des Diſtricts les diſtingueront éga-
» lement avec autant de facilité que de ſûreté,

» & conféquemment ils ne pourront avoir
» aucune incertitude dans leur conduite &
» dans leurs décifions, & la parfaite harmonie
» qui régnera entr'eux & leurs Repréfentans,
» dans l'adminiftration municipale, affurera
» la paix, la liberté & le bonheur des Ci-
» toyens ».

Enfuite lecture d'une lettre du Département de Police, du 25 de ce mois, qui laiffe à la prudence des Diftricts l'exécution de la police.

L'Affemblée a arrêté & reconnu que le Comité de chaque Diftrict avoit feul le droit de police.

Qu'il feroit nommé fept Commiffaires, à l'effet de porter copie du préfent Procès-verbal à M. Guillotte, lefquels après qu'il en aura pris lecture, lui feront fommation de repréfenter fur le champ tous les regiftres concernant la police du Marché aux chevaux; & en cas de refus de la part dudit fieur Guillotte, qu'il fera pareillement fommé de renfermer dans une armoire de la falle de Police lefdits regiftres, en garder la clef, & fe tranfporter avec ladite clef & lefdits fieurs Commiffaires, pardevant M. Duport Deutertre, Lieutenant de Maire en cette partie, pour être ftatué fur le refus dudit fieur Guillotte.

Et dans le cas où ledit fieur Guillotte fatif-feroit à la premiere defdites fommations, lefdits fieurs Commiffaires fe mettront en poffeffion de la falle de Police, enfemble defdits regiftres & des fommes qui s'y trouveront dépofées, dont du tout fera dreffé Procès-verbal & délivré copie au fieur Guillotte, pour lui fervir de décharge.

L'Affemblée à cet effet, a nommé M. le Préfident pour porter ledit Procès-verbal audit fieur Guillotte, & pour l'accompagner, par l'événement du fort tiré, MM. d'Hervilly, Poiré, Defvignes, Delarue, Dumay & Billoir, ce font trouvés ceux qui fe tranfporteront chez ledit fieur Guillotte, & exécuteront le contenu en la préfente Délibération. *Signé*, Famin, Préfident : Delarue, Vice-Préfident : Dumay, Député : Brun, Notable-Adjoint : Poiré fils, Notable-Adjoinnt : Chartier, Commiffaire : Leprince : le Boffet de Coetlofquet, Député : Dubeau, Notable-

Adjoint : Billoir, Commissaire : Desvignes, Député : Vasseur, Notable-Adjoint : d'Hervilly, Conseiller-Administrateur : Legrand, Capitaine : Droulot, Notable-Adjoint ; Laurent, Adjoint : Brun, Notable-Adjoint, & Pouchain, Secrétaire.

A la suite du Procès-verbal ci-dessus, nous Commissaires y dénommés, ayant fait lecture d'icelui & des sommations y insérées à M. Guillotte ; il nous a fait réponse qu'il requéroit qu'il en fût référé pardevant M. Duport Dutertre ; mais qu'attendu qu'il étoit trois heures sonnées, il ne pouvoit quitter la chose publique ; que cependant il offroit de s'y transporter à cinq heures & demie, ce qui a été consenti par le Comité auquel en a été fait rapport, à la condition cependant de faire assister par deux Commissaires Notables-Adjoints, le Commis tenant le registre ; ce à quoi ledit sieur Guillotte a adhéré, & a signé. *Signé* Guillotte, Famin, d'Hervilly, Poiré fils; Desvignes, Dumay, & Billoir.

Le trente Novembre mil sept cent quatre-vingt-neuf, une heure de relevée, les Président, Commissaires & Notables-Adjoints du District de S. Victor, réunis & assemblés suivant la convocation qui a été faite.

MM. les Président & Commissaires nommés par la Délibération du 28 de ce mois, ont fait rapport à l'Assemblée, de leur mission & du jugement prononcé par M. Duport Dutertre, après avoir entendu les Parties, sur le référé requis par M. Guillotte, & dont suit la teneur.

« Que les Réglemens, provisoires, le Décret de l'Assemblée Nationale, & autres Piéces énoncées en ladite Délibération, seront exécutés selon leur forme & teneur; en conséquence que la police du Marché aux Chevaux appartiendroit au Comité du District S. Victor; à ce faire le sieur Guillotte tenu de remettre aux Officiers nommés en ladite Délibération, les regiſtres concernant ladite police, ensemble les sommes déposées & consignées; dont du tout sera dressé Procès-verbal pour servir de décharge audit sieur Guillotte ».

Que pour prononcer ce jugement, M. Duport Dutertre avoit eu la sage précaution de se faire assister par trois de MM. de ses Confreres qui ont adopté ledit jugement, après avoir pris connoissance de ce dont il s'agissoit.

Que d'après le sieur Guillotte s'étant conformé à ce jugement, a offert de remettre à l'instant auxdits sieurs Commissaires un gros registre concernant ladite Police, qu'il avoit porté avec lui chez mondit sieur Dutertre, mais qu'ils n'avoient pas jugé à propos de l'accepter, n'étant pas certains qu'il fût le seul registre de police; que d'un autre côté il y avoit des sommes consignées dont il étoit tenu de faire la remise : que du tout Procès-verbal devoit être dressé, & que le Bureau de M. Dutertre n'étoit pas le lieu où cette opération dût se faire : en conséquence les sieurs Commissaires & le sieur Guillotte sont convenus du jour à cejourd'hui Lundi, & M. Dutertre qui a gardé la Délibération, a promis d'envoyer le lendemain l'Ordonnance qu'il venoit de prononcer; qu'il paroissoit que cette Ordonnance n'étoit pas encore arrivée. Mais qu'elle ne pouvoit pas tarder, un des Membres de ladite Assemblée ayant déclaré qu'il l'avoit envoyé chercher.

A l'instant le Commissionnaire de retour, l'Assemblée a été singuliérement étonnée, de ne recevoir qu'une lettre d'observation de M. Duport du Tertre, au lieu d'un jugement.

Département de Police.

L'Assemblée encore plus frappée que cette lettre annonce, que peut-être l'affaire est de nature à n'être décidée que par la Commune, tandis que M. Guillotte a lui-même consenti le référé pardevant M. du Tertre; que conséquemment les Parties l'ont reconnu pour Juge; que ce jugement a été prononcé avec connoissance de cause, & enfin qu'il a été consenti par ledit sieur Guillotte.

L'Assemblée pénétrée de respect pour tout ce qui émane de la Commune, loin d'être intimidée du jugement qu'elle prononcera à cet égard, se réfere absolument à ce que sa sagesse lui suggérera, convaincue qu'elle ne peut que confirmer le jugement de M. le Lieutenant de Maire qui n'a fait en cela que se soumettre au Décret de l'Assemblée Nationale.

En conséquence, l'Assemblée ne sachant par quel incident cette lettre est parvenue au lieu d'un jugement rendu contradictoirement, a arrêté que Messieurs les Président & Commissaires nommés par la Délibération du 28, se transporteront cejourd'hui, cinq heures de relevée, au Bureau de M. du Tertre, & requéreront de lui qu'expédition leur soit délivrée, & qu'il leur fût donné acte des offres & consentement dudit sieur Guillotte.

Arrêté en outre que la lettre de M. du Tertre seroit transcrite sur le présent registre : *signé*, Famin, Président : Leprince, Député : Droulot, Commissaire : Vasseur, Notable-Adjoint : le Boffet de Coetlosquet, Député : Pouchain, Secrétaire : Billoir, Commissaire : Dumay, Député : Poiré fils, l'un des Notables-Adjoints : Dubeau, Notable-Adjoint : Desvignes, Député : d'Hervilly, Conseiller-Administrateur : Brun, Adjoint : Chartier, Commissaire & Delarue, Vice-Président.

Département de Police.

« Sur les représentations faites par le District de S. Victor que la Police du Marché aux Chevaux qui est situé dans l'arrondissement de ce District paroît devoir lui appartenir, conformément au Réglement décrété par l'Assemblée Nationale, sanctionné par Sa Majesté, qu'il résultera de cet arrangement une économie considérable pour la Municipalité, & en même-tems le précieux avantage d'inspirer plus de confiance aux Marchands & autres personnes qui fréquentent ce Marché ; que ce changement paroît d'autant plus indispensable, que les fonctions de cette Police étoient autrefois exercées par un Inspecteur qui avoit une Commission d'un Magistrat dont les pouvoirs ont été réunis à celui du Corps Municipal ; le Département de Police a pensé qu'il y auroit peut-être quelque danger à déférer à la demande du District, fondé sur les termes du Réglement, puisqu'un Marché est un établissement qui intéresse la Capi-

» tale entiere, ne peut être confidéré comme
» foumis de droit à l'infpection particuliere
» d'un Diftrict, mais qu'il doit être compris
» dans la claffe de ceux qui appartiennent à
» l'Adminiftration générale; mais il a cru en
» même-tems qu'aucun particulier ne pou-
» vant mériter une confiance égale à celle
» que doit obtenir un Diftrict; en confé-
» quence, elle a commis & commet celui de
» S. Victor pour exercer dorénavant toutes
» les fonctions dont étoit ci-devant chargé
» l'Infpecteur du Marché aux Chevaux qui
» fera tenu de remettre au Comité du Dif-
» trict tous les regiftres & l'argent dont il eft
» dépofitaire, à condition que les Commif-
» faires en drefferont Procès-verbal, & en
» donneront bonne & valable décharge audit
» Infpecteur. Fait en l'Hôtel de la Mairie, le
» 30 Novembre 1789. *Signé*, Bailly, Maire,
» & Duport du Tertre, Lieutenant de Maire. »

Par Procès-verbal du premier Décembre, les Commiffaires nommés en la Délibération du 28 Novembre, fe font trnfportés en la maifon du fieur Guillotte; ils lui ont donné communication de ladite Ordonnance, & le sieur Guillotte y a satisfait.

Le 2 Décembre 1789, dix heures du matin, le Comité assemblé,

MM. les Président & Commissaires nommés par les Délibérations des 28 & 30 Novembre dernier ont rendu compte à l'Assemblée de leur mission.

Ensuite M. le Président y a fait part que le sieur Guillotte avoit demandé le délai de six mois pour quitter la maison de Police qu'il occupe, & la laisser entierement libre au Comité, en ce que la saison est peu favorable pour déménager.

A quoi un des Membres de ladite Assemblée a représenté qu'il est impossible d'accéder à la demande du sieur Guillotte, en ce que,

1°. Il est de toute impossibilité que le Comité puisse tenir plus long-tems dans le lieu où il est, lequel contient au plus six personnes, & que conséquemment le travail du Comité ne peut s'y faire, n'y les assemblées s'y tenir.

2°. Qu'il est de toute nécessité de nommer un Secrétaire-Greffier, en exécution du Décret de l'Assemblée Nationale du 5 Novembre dernier, sanctionné par Sa Majesté; que ce Secrétaire-Greffier doit être à demeure au Comité, que conséquemment il doit être logé.

3°. Que la multitude des opérations du Comité est dans le cas d'obliger le Secrétaire-Greffier d'avoir un Commis, & qu'il faut à ce commis un Bureau pour y faire son travail.

4°. Que la maison de Police occupée par le sieur Guillotte est la seule qui puisse convenir à l'administration de Police par son emplacement, laquelle a même été construite sous les ordres de M. de Sartine, Lieutenant de Police en 1760, pour y tenir la Police du Marché aux Chevaux, ainsi qu'il est énoncé en l'inscription sur marbre attaché à ladite maison.

5°. Qu'ayant cette maison, ce seroit une économie pour la Municipalité qui n'aura point de loyer à payer, puisque cette maison a été construite pour ladite Police, suivant la déclaration qu'en a faite M. Guillotte en présence de M. Dnport du Tertre, Lieutenant de Maire, de MM. Thorillon, Manuel, Fenouillet du Closet, ses Conseillers Assesseurs, & de MM. les Commissaires nommés par les susdites Délibérations, obfervant en outre que toutes les opérations pourront s'y faire.

Ajoute ledit Membre qu'il doit être indifférent au fieur Guillotte de déménager dès-à-préfent en ce qu'il a une maifon qui lui appartient, laquelle eft fituée audit Marché aux Chevaux, qu'elle n'eft point occupée & que le fieur Guillotte n'a rien à craindre, comme il pourroit vouloir le perfuader, de la fraîcheur des murs, cette maifon ayant été parachevée il y a plus de deux ans, & en outre que le fieur Guillotte n'a aucun efpoir de pouvoir la louer à l'aproche de l'hiver.

L'Affemblée a unanimement arrêté,

1°. Qu'elle donne par pure déférence au fieur Guillotte le délai de quinze jours pour déménager & vuider ladite maifon, & que le fieur Guillotte fera tenu d'en faire fa foumiffion.

2°. Que dès-à-préfent & jufqu'à ce que ladite maifon foit entierement libre, le Comité tiendra dans la falle de Police, à l'effet de quoi le fieur Guillotte tenu à l'inftant de vuider ladite falle & en remettre la clef aux Commiffaires ci-après nommés.

3°. Que pour porter le vœu de la préfente

Assemblée audit sieur Guillotte, elle a nommé M. le Président & par l'événement du sort tiré, MM. d'Hervilly, Poiré & Droulot ont été nommés pour l'accompagner.

Fait & arrêté, &c.

Nous Commissaires dénommés en la Délibération ci-dessus, l'ayant communiquée à M. Guillotte, il nous a dit que dans une saison aussi fâcheuse il avoit cru en abandonnant le Bureau pouvoir espérer de MM. du Comité du District de S. Victor qu'ils se prêteroient à lui accorder les six mois dont il leur a fait la demande, d'autant mieux que M. Lemaire ne fait aucune mention du surplus du logement dans l'Ordonnance qui lui a été communiquée & à laquelle il a satisfait ; observe encore ledit sieur Guillotte que la maison qui lui appartient sise au Marché aux Chevaux, & dans laquelle on lui indique qu'il pourroit transporter ses meubles, le mettroit incessament dans le cas d'un second déménagement, les circonstances ne lui permettant pas d'occuper une maison aussi considérable, & qu'il n'a fait construire que pour en faire une location, & a signé le deux Décembre 1789. *Signé* Guillotte.

Et

Et ledit jour deux Décembre 1789, huit heures du soir, le Comité assemblé,

Il a été fait lecture de la réponse du sieur Guillotte, dont copie est ci-dessus; l'Assemblée a sur le champ décidé qu'ayant épuisé jusqu'à ce moment tous les procédés de déférence, d'honnêteté, & même de complaisance, envers ledit sieur Guillotte, & n'ayant au contraire éprouvé de sa part que faux-fuyans, tracasseries, & mauvaises difficultés dans tous les genres, il sera renvoyé sur le champ vers ledit sieur Guillotte, pour lui signifier que dès Lundi prochain sept du courant, le District s'emparera de la totalité du Pavillon qu'il habite, lequel ayant été construit pour loger l'Inspecteur de Police des Marchés aux Chevaux & Porcs, l'inspection de ces Marchés ayant été attribuée audit Comité par Décret de l'Assemblée Nationale sanctionné par le Roi, & de l'Ordonnance de M. le Maire, en date du trente Novembre dernier, il est plus que fondé à exécuter le droit que le sieur Guillotte s'obstine à vouloir lui contester.

Fait & arrêté les jour & an que dessus, & ont signé, &c.

B

Le six Décembre 1789, onze heures du matin, les Citoyens du District de S. Victor régulierement convoqués & assemblés dans le chef-lieu,

M. le Président a rendu compte à l'Assemblée des différentes Délibérations faites par le Comité de ce District relatives à la Police du Marché aux Chevaux, ensemble des décisions portées par M. le Maire & M. Duport Dutertre, son Lieutenant, & des différens Procès-verbaux, dressés par les Commissaires, chez le sieur Guillotte.

L'Assemblée a unanimement déclaré qu'elle approuve, ratifie & confirme tout ce qu'a fait le Comité, & ne peut que le louer de la sagesse de ses opérations.

Ensuite M. le Président a proposé à l'Assemblée la question de savoir si le contenu en l'arrêté du 2 Décembre, présent mois, auroit son entiere exécution, & s'il seroit insisté sur ce que ledit sieur Guillotte soit tenu de déménager demain Lundi, sinon qu'il seroit expulsé ; l'appel nominal a été fait, & il s'est trouvé trente-sept voix pour l'affirmative & deux pour la négative.

Arrêté en outre que l'article ci-dessus feroit communiqué dans le jour au sieur Guillotte.

Et à l'instant il a été observé par le sieur Lallemand qui avoit voté pour la négative, qu'il restoit neutre & n'entendoit donner sa voix en aucune acception.

Et par le sieur Lhuillier, qui d'abord avoit été pour la négative, que s'étant fait instruire plus particuliérement de l'objet de l'arrêté, il revenoit à l'affirmative.

Et pour porter l'Extrait, &c. l'Assemblée a nommé. Ensuite il a été procédé à la nomination d'un Secrétaire-Greffier.

Département de Police.

MESSIEURS,

„ C'est avec autant de courage que de con-
„ fiance que nous avons cru devoir nous mettre
„ entre vous & M. le Chevalier Guillotte, moins
„ comme vos Juges, que comme vos inter-
„ prètes. Vous sentez comme nous qu'il y a
„ des procédés qui font des devoirs. Il faut
„ que chaque Citoyen éprouve le bonheur qu'il

» y a à être gouverné par ses égaux, qui
» tirent leur autorité de ceux même qu'ils com-
» mandent. Une administration municipale est
» toute paternelle. En soutenant les intérêts
» de la Commune, elle n'en doit que plus
» protection à chacun. Elle devoit des égards
» à M. Guillotte qui a été votre représentant :
» & c'est pour honorer ceux qui ont notre
» estime que nous l'avons assuré de toute votre
» bienveillance. Il gardera encore quelques
» mois la maison de ses peres dont il vous
» offre déja tout ce qu'il peut vous donner.
» Et en la partageant avec vous, nous ne dou-
» tons pas qu'il ne mérite vos regrets, du
» moins pouvez-vous compter sur toute notre
» reconnoissance.

» Nous avons l'honneur d'être avec respect,
» &c. *Signé*, Duport Dutertre, & Manuel,
» Conseiller-Administrateur. »

Paris, le 7 Décembre 1789.

Messieurs,

« On vient de me communiquer l'arrêté
» que vous avez pris ce matin, relativement

» au sieur Chevalier Guillotte, pour déclarer
» que vous persistez dans l'injonction à lui
» déja donnée de déménager & de vuider les
» lieux dans la maison qu'il occupe au Marché
» aux Chevaux. Lorsque les Commissaires
» députés par vous, Messieurs, m'ont fait
» l'honneur de venir chez moi le 30 Novem-
» bre, & ont demandé que vous fussiez au-
» torisés à exercer sur le Marché aux Che-
» vaux l'inspection jusqu'ici exercée par le
» sieur Chevalier Guillotte; ils ont connu
» mes principes, ils savent les raisons qui
» m'ont déterminé, ainsi que M. Duport du
» Tertre, à donner cette autorisation; ils
» savent sur-tout les sentimens d'attachement
» que je leur ai témoigné pour le District de
» S. Victor; c'est aujourd'hui le prix de cet
» attachement que je réclame, ainsi que votre
» justice. Je vous demande, Messieurs, que
» vous n'exigiez pas qu'un homme qui perd sa
» place, perde au même instant son habita-
» tion, & cela au milieu de l'hiver, & *sans*
» *en avoir une autre* où il puisse se retirer. Je
» réclame votre justice, parce qu'en effet il
» me paroît de toute justice que l'on donne à

» l'homme qui quitte un logement, le tems
» d'en chercher un autre, & de s'y arranger
» convenablement, ce tems est toujours accordé
» dans tous les cas.

» Après ces observations, je vous propo-
» serai quelques principes. *Les Districts sont
» dans Paris la source de tous les pouvoirs mu-
» nicipaux ; le Maire & les soixante Admi-
» nistrateurs qui font la Municipalité, ne sont
» que vos mandataires, mais ce sont les Dis-
» tricts réunis qui sont supérieurs à la Munici-
» palité ; cette Municipalité établie par vous-
» même, représente la totalité des Districts :
» vis-à-vis d'un seul, elle est les cinquante-
» neuf autres.* Vous êtes donc intéressés à faire
» respecter ses décisions. Il y a plus : si vous
» infirmez la décision du 4 Décembre qui
» accorde un délai au sieur Chevalier Guil-
» lotte, vous ne pouvez le faire sans infir-
» mer la décision du 30 Novembre qui vous
» attribue l'inspection. Jugez, Messieurs, ces
» principes & ces observations ; s'ils vous pa-
» roissent douteux, je vous propose de les
» porter au Bureau de Ville qui en décidera.
» Mais je me fonde sur tout ce que je viens

» de vous dire, que sur votre propre justice,
» que sur les bontés que vous m'avez toujours
» témoigné, ce ne sera point ni moi, ni le
» Département de Police qui aura accordé ce
» délai. J'aime bien mieux qu'il soit dû à
» vous-mêmes, & c'est à vous-mêmes que je
» le demande; mais si je ne l'obtiens pas,
» je vous prie au moins que l'exécution de
» votre arrêté soit suspendue, & que Mer-
» credi prochain le Bureau de Ville puisse
» juger & décider si ce délai doit être accordé
» ou refusé.

Je suis avec respect, Messieurs, *signé* Bailly.

ASSEMBLÉE des Représentans de la Commune de Paris.

Extrait des Délibérations du 7 Décembre 1789.

L'Assemblée délibérant sur la dénonciation qui lui a été faite par MM. les Commandans de Bataillon & le Major de la premiere Division, de la signification faite à M. Guillotte de sortir à l'instant de la maison qu'il occupe au Marché aux Chevaux, a arrêté qu'il seroit à l'inftant nommé deux Commiffaires pris dans fon fein, lefquels accompagnés *du Chef de Divifion, du Major de Divifion, & d'un Officier de l'Etat-Major-Général*, fe tranfporteront au Diftrict de S. Victor, s'y informeront de tous les faits dénoncés à l'Affemblée, *interdiront toutes voies de fait, & maintiendront provifoirement M. Guillotte dans la poffeffion de fa maifon.*

Et pour l'exécution du préfent arrêté, l'Affemblée a nommé Meffieurs de Vandermonde & Bocquillon, Commiffaires. *Signé* Saiffeval, Préfident : Vigée, & Poriquet, Secrétaires des Repréfentans de la Commune.

A la fuite de la Délibération du 7 Décembre eft le rapport qui fuit.

Et le même jour, lefdits Commiffaires de retour de leur commiffion, ont annoncé à l'Affemblée qu'ils avoient trouvé le Diftrict de S. Victor dans des difpofitions pacifiques, & qu'ils l'avoient déterminé avec facilité à fe défifter de l'exécution de fon arrêté du 6 Décembre dernier, jufqu'à ce que l'Affemblée ait statué sur le fond de ses prétentions.

Pour extrait conforme, *signé* Poriquet & Vigée, Secrétaires.

Suit la teneur de la dénonciation faite par les Commandans de Bataillon & le Major de la premiere Division.

Messieurs,

« Les Commandans de Bataillon, & le
» Major de la premiere Division de la Garde
» Nationale Parisienne, informés que M.
» Guillotte, Commandant du second Ba-
» taillon de la même division, *cruellement*
» *tourmenté par le District de S. Victor*, a déja
» obtenu de votre respectable Assemblée deux
» arrêtés des 6 & 9 Novembre dernier sur le
» rapport de deux de vos Membres qui décla-
» rent nul & illégal tout ce qu'a fait & pour-
» roit faire le District de S. Victor, relative-
» ment aux nominations de MM. Guillotte
» pere, fils & neveu, & que vous avez cru, Mes-
» sieurs, qu'il étoit de votre dignité & justice
» *de charger M. de la Fayette, notre Général,*
» de faire exécuter vos arrêtés dans toute leur
» forme & teneur. — Informés aussi que le

» District de S. Victor s'est promis de pro-
» tester contre vos arrêtés & de solliciter de
» nouveau contre ledit sieur Guillotte pere,
» fils & neveu, ce qui vous a déterminé à
» renvoyer l'affaire en définitif à votre Comité
» de Rapports. — Informés de plus que le
» District de S. Victor, (ou plutôt quinze ou
» vingt Membres réunis par autorité de la
» Ville à ce District), continuant d'y exciter
» une fermentation dangereuse ; qu'ils se sont
» emparés d'une administration ayant caisse &
» dépôt de confiance, exercée par M. Guil-
» lotte pere, au profit du sieur son frere pa-
» ralitique & chargé de famille. — Informés
» encore que ce District paroissant avoir à
» cœur de ne négliger aucuns moyens de faire
» audit sieur Guillotte pere *tout le mal possi-*
» *ble*, a méprisé l'Ordonnance de la Munici-
» palité qui l'autorise à garder la maison ap-
» partenant au Roi, & qu'il occupe Place du
» Marché aux Chevaux, & vient de com-
» mettre l'injustice de lui faire signifier dans
» le jour d'hier qu'il s'empareroit d'autorité
» de cette maison, s'il ne la vuidoit à l'ins-
» tant, de tous les effets, ce qui est impra-
« tiquable ».

» Se préfentent avec confiance à votre au-
» gufte Affemblée, pour lui exprimer le vif
» intérêt que la probité reconnue, autant que
» les fervices patriotiques defdits fieurs Guil-
» lotte leur infpirent, & vous fupplier,
» Meffieurs, en attendant que vous ayez
» ftatué fur la validité des nominations de
» ces honnêtes Citoyens, *de les prendre fous*
» *votre protection immédiate*, & d'ordonner
» qu'il foit provifoirement maintenu dans
» la jouiffance de la maifon qu'il occupe
» au Marché aux Chevaux, fur laquelle le
» Diftrict ne faurait avoir aucun droit. *Signé*
» Leclerc, Commandant du premier Bataillon :
» Clément de Sainte-Palaye, Commandant
» du troifieme : Acloque, Commandant du
» Bataillon de S. Marcel : Soufflot le Romain,
» Commandant du fixieme Bataillon : Saint-
» Vincent, Major de la premiere Divifion :
» Etienne, Commandant du feptieme Batail-
» lon : Renard, Commandant au huitieme :
» Parfeval, Commandant du neuvieme : &
» Colombal, Commandant du dixieme.

» Pour copie, conforme à la minute, étant
« en nos mains, ce 13 Décembre 1789.
» *Signé* Poriquet & Vigée, Secrétaires ».

Réponse faite par le District de S. Victor, à la lettre que lui a adressée M. le Maire, le 7 Décembre.

MONSIEUR,

RECEVEZ les très-humbles excuses du Comité du District de S. Victor, s'il n'a pas répondn plutôt à la lettre que vous lui avez fait l'honneur de lui adresser le 7 du courant, relativement au sieur Chevalier Guillotte.

Le Comité se disposoit de vous donner de foibles preuves de son attachement, en accédant à la demande que vous lui avez faite; mais d'un autre côté il se disposoit aussi de vous éclaircir des faits, parce qu'il paroît que le sieur Guillotte, loin d'avoir été exact dans l'exposé qu'il vous a fait, n'a cherché qu'à surprendre votre religion & votre sensibilité, en vous déclarant que le District le forçoit de déménager au milieu d'un hiver *sans avoir de logement ;* la vérité est, qu'il a une superbe maison pui lui appartient au marché aux Chevaux, à dix pas de celle que le District lui demande, laquelle est vacante & en état d'être occupée ; lorfque le Comité a reçu un Arrêté de MM. les Repréfentans de la Commune, qui, fur une dénonciation fans doute injufte, & nullement de la compétence des Officiers de l'État-Major, a nommé le Chef & le Major de la premiere Divifion, & un Officier de l'État-Major pour accompagner deux Commiffaires pris dans fon fein, à l'effet d'interdire au Diftrict de S. Victor, *toutes voies de fait*, COMME SI UN DISTRICT ÉTOIT CAPABLE D'EN EXERCER ; & provifoirement maintenir le fieur Guillotte dans la jouiffance de fa maifon.

Les deux Cmomiffaires ont rendu compte de leur miffion, & de la tranquillité où ils ont trouvé le Comité, qui leur a témoigné combien il étoit flatté de faire quelque chofe qui pût vous être agréable : mais quel a été fa furprife, Monfieur, lorfque le Chef de Divifion demanda d'être affuré que le Comité n'iroit point en avant fur les Délibérations du Diftrict, & d'après la notification qui venoit d'être faite, finon *qu'il feroit forcé d'exécuter des ordres rigoureux* qui lui ont été donnés ; qu'il auroit à la vérité beaucoup de répugnance, mais que fa place lui impofoit,

& qu'il espéroit que nous ne lui donnerions pas le désagrément *d'avoir recours à la Compagnie du centre.*

Cette menace qui, sans doute, auroit pu révolter le District entier, ne l'a cependant pas déconcerté ; mais le Président, qui fut vivement pénétré, donna sa démission par une lettre qu'il adressa au Comité, & par laquelle il s'exprime en ces termes :

« Lorsque nous reclamons nos droits, vous
» dites :

» Vous obéirez, ou vous ferez punis ; &
» nous employerons, pour obtenir cette obéis-
» sance, toutes les forces que nous sommes
» maîtres de déployer ».

Le District envoya une députation vers MM. les Représentans de la Commune, pour leur faire connoître sa conduite, leur donner connoissance des différens Arrêtés que le District a été fondé de prendre, leur témoigner en même-tems son mécontentement des menaces qui lui ont été faites, & leur observer que si le District n'eût point agi avec autant de prudence, une pareille menace qui auroit eu son exécution, pouvoit soulever la Capitale entiere ; mais MM. les Représentans de la Commune étoient trop occupés, ne purent entendre les justes réclamations du District, ils renvoyerent l'affaire à leur Comité de rapport.

Tout rigoureux que soit l'arrêté de MM. les Représentans de la Commune, le District est fort éloigné de penser que ces menaces émanent d'eux; mais il me charge, Monsieur, de vous témoigner sa vive surprise, son mécontentement, ainsi que la peine qu'il ressent de la perte qu'il fait d'un Citoyen qu'il avoit choisi pour présider à toutes ses opérations, & qui depuis le moment de la révolution n'a fait que mériter l'estime de ses Concitoyens.

Permettez que je vous observe encore, Monsieur, qu'il est de toute impossibilité que le Comité reste plus long-tems dans le lieu où il est; & le rapport qu'en ont fait MM. les Commissaires, doit vous convaincre de la nécessité où il est d'avoir un autre local, mais il n'en existe aucun dans l'étendue du District, si ce n'est la maison affectée à la police du Marché aux Chevaux.

D'après cet exposé, vous voyez, Monsieur, que d'un côté le sieur Guillotte a une maison libre au Marché aux Chevaux, qu'il peut occuper ; mais on vous obfervera, comme l'ont remarqué MM. les Commiffaires, que le bas de cette maifon eft trop humide, & que les chemins, pour y arriver, ne font pas praticables. Je prendrai la liberté de repréfenter, que le premier n'éprouve pas le même inconvénient que le bas, & eft fuffifant pour loger convenablement M. Guillotte; qu'à l'égard des chemins, ils font pavés, & que fitôt que le Comité fera logé, & que le travail pourra s'y faire, il s'occupera du nettoiement.

Il y a plus, le Comité s'étoit borné à ne demander pour l'inftant, que la falle du premier de la maifon de police, mais MM. les Commiffaires ont cru qu'en ôtant cette falle à M. Guillotte, c'étoit lui ôter tout. Ils n'ont pas vu la totalité de cette maifon, puifque la domeftique n'a pu en faire ouverture, & qu'il étoit nuit : mais le Comité vous affure, Monfieur, qu'il y a vingt-quatre croifées à cette maifon, & que la falle qu'il demande avec celle qu'il a déja, n'en comprennent que quatre : il eft donc incroyable qu'il ne puiffe fe contenter de vingt croifées.

Il y plus encore, le fieur Guillote a deux autres

autres maisons très-près de celle ci-dessus, dont une présentement occupée par M. Culorier, est à louer, suivant la lettre adressée au Comité par ledit sieur Culorier, qui offre de la remettre audit sieur Guillotte.

Le Comité me charge de vous dire, Monsieur, que pour faire connoître sa conduite, il ne peut se dispenser de faire imprimer ses délibérations, la décision de M. Duport du Tertre, votre Ordonnance, Monsieur, & toutes les contrariétés qui ont suivi ces deux pieces, sur lesquelles il est bien éloigné d'admettre la compétence des Représentans de la Commune, & de son prétendu Comité de Constitution.

J'ai l'honneur d'être avec respect, Monsieur, votre très-humble & très-obéissant serviteur. *Signé* Famin, Président.

Ce 12 Décembre 1789.

Le treize Décembre mil sept cent quatre-vingt-neuf, six heures de relevée, le Comité du District de S. Victor, convoqué & assemblé dans le lieu accoutumé :

Un des Membres a obfervé qu'il paroît de la plus grande néceffité de donner connoiffance des délibérations du Diftrict de S. Victor, aux cinquante-neuf autres, qui font feuls compétens pour juger, puifqu'ils forment la Commune entiere, & que leurs Repréfentans ne font que leurs Mandataires, & n'ont aucun pouvoir d'en connoître, avec d'autant plus de raifon, que le fieur Guillotte qui s'obftine à refter parmi eux, quoique Commandant de Bataillon, & au mépris de l'Affemblée Nationale, qui veut qu'on ne foit pas Membre du Corps Municipal, fi on l'eft de la Garde Nationale, deviendroit juge & partie.

Que les cinquante-neuf autres Diftricts feront priés de prendre en confidération les délibérations de celui de S. Victor, & d'avoir égard aux articles ci-après.

1°. Que la dénonciation faite par les Commandans de Bataillon, eft non-feulement injufte & nullement de leur compétence, parce qu'il s'agit dans ce moment d'un fait civil & non militaire : mais qu'elle eft encore audacieufe & infultante pour tous les diftricts,

& attentatoire à la réputation & à la liberté du District de S. Victor, ce que l'Etat-Major paroît avoir senti, puisque sa dénonciation, revêtue de plusieurs signatures de Commandans de Bataillon excepté. Cependant celle de M. Charton, Chef de Division, que les Représentans de la Commune avoient député à l'effet de prendre connoissance exacte des faits, suivant leur Procès-verbal du 7 du courant, cette soustraction frappe d'autant plus le District de S. Victor, que M. Charton seul s'y est fait entendre avec autant de chaleur que d'indécence.

2°. Que la police du Marché aux Chevaux, attribuée au District de S. Victor, est une économie considérable pour la Capitale, & une dette de moins pour l'Etat, puisque cette fonction étant exercée sans frais par le District, il n'aura plus d'appointemens à payer à l'Inspecteur qui en étoit chargé.

3°. Que la maison affectée à ladite police, étant abandonnée au District, il n'aura plus de loyer à payer, en conséquence ce sera encore une économie pour la Commune.

4°. Que ce n'eſt qu'en recevant trop facilement les impreſſions défavorables, que M. Guillotte a donné des Membres du Diſtrict de S. Victor, qu'il a pu exciter la ſenſibilité, & par ſuite l'indulgence de ſes collegues, comme ſi cet homme, qui depuis long-tems ne crayonne qu'en noir, ne devoit pas craindre qu'on le peignît à ſon tour, & qu'on l'effrayât en le montrant à lui-même.

5°. Que les cinquante-neuf autres Diſtricts ſeront inſtamment priés de faire connoître promptement leur vœu à celui de S. Victor, qui ne peut exercer les fonctions qui lui ſont attribuées dans le lieu où il eſt.

L'Aſſemblée a arrêté que la motion ci-deſſus, enſemble la préſente délibération feroient imprimées à la ſuite de ſes précédentes, & de tout ce qui les a ſuivi, & qu'il en ſera envoyé quatre cens exemplaires à l'auguſte Aſſemblée Nationale, & ſix à chacun des Diſtricts. Fait & arrêté les jour & an que deſſus. *Signé* Famin, Préſident par *interim* : d'Hervilly, Deſvignes, Cullier de Belleville, Chartier, Pouchain, &c.

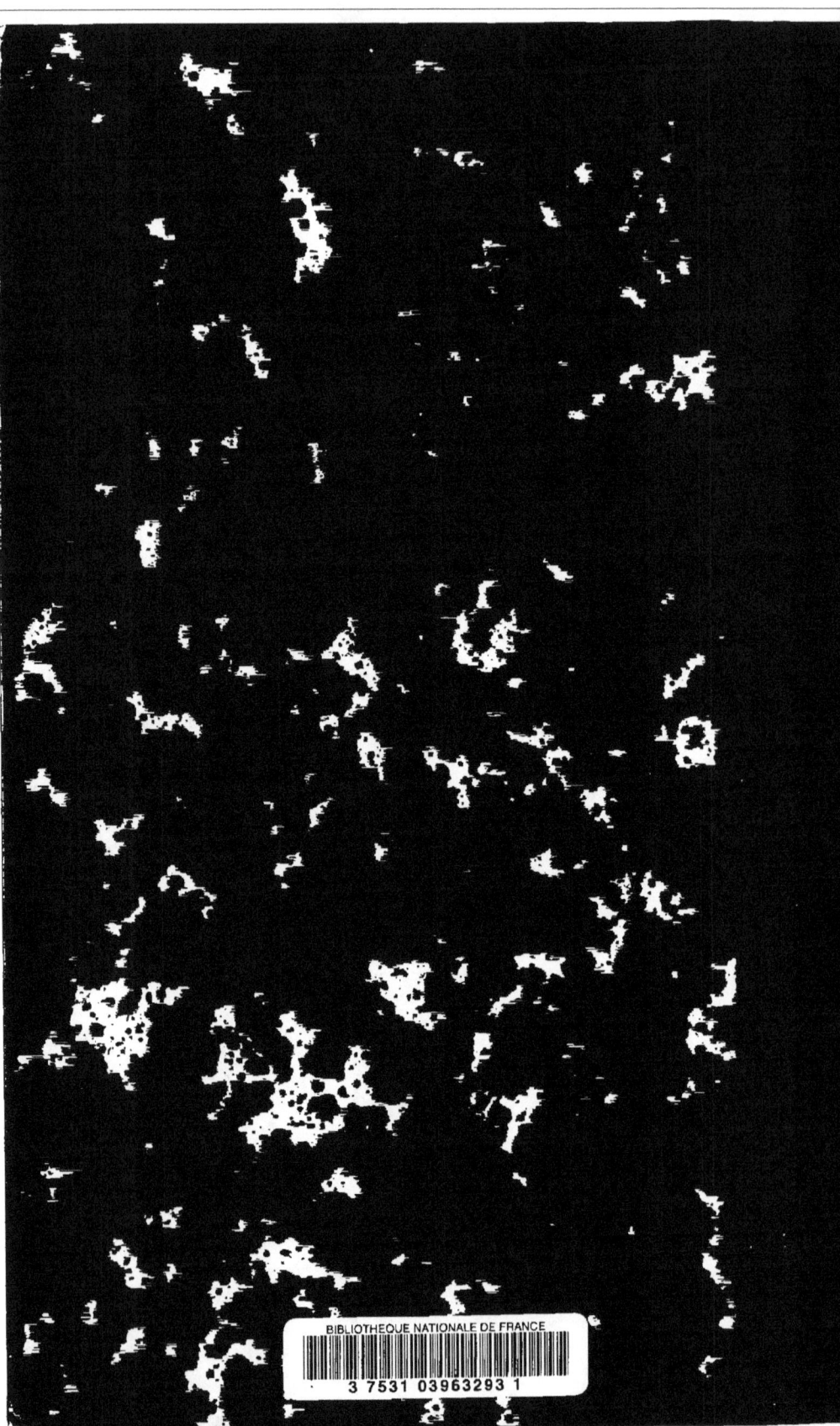

www.ingramcontent.com/pod-product-compliance
Lightning Source LLC
Chambersburg PA
CBHW060952050426
42453CB00009B/1171